BEI GRIN MACHT SICH IHR WISSEN BEZAHLT

Die Entwicklung des World Wide Web. Webdesign und -ergonomie

GRIN :)

Bibliografische Information der Deutschen Nationalbibliothek:

Die Deutsche Nationalbibliothek verzeichnet diese Publikation in der Deutschen Nationalbibliografie; detaillierte bibliografische Daten sind im Internet über http://dnb.d-nb.de abrufbar.

ISBN: 9783346921369
Dieses Buch ist auch als E-Book erhältlich.

© GRIN Publishing GmbH
Trappentreustraße 1
80339 München

Druck und Bindung: Books on Demand GmbH, Norderstedt Germany
Gedruckt auf säurefreiem Papier aus verantwortungsvollen Quellen

Das vorliegende Werk wurde sorgfältig erarbeitet. Dennoch übernehmen Autoren und Verlag für die Richtigkeit von Angaben, Hinweisen, Links und Ratschlägen sowie eventuelle Druckfehler keine Haftung.

Das Buch bei GRIN: https://www.grin.com/document/1380207

Einsendeaufgaben

Themenkatalog 2023

Alternative A

Prüfungsleistung in dem Modul

Web-Design und -Ergonomie

vorgelegt der SRH Fernhochschule Riedlingen (E-Campus)

Studiengang: Online-Marketing B.A.

abgegeben am: 28.06.2023

2

Inhaltsverzeichnis

Abkürzungsverzeichnis

bspw.	beispielsweise
bzw.	beziehungsweise
ggf.	gegebenenfalls
HTML	Hypertext Markup Language
HTTP	Hypertext Transfer Protocol (Internetprotokoll)
IEC	International Electrotechnical Commission
ISO	Internationale Organisation für Normung
sog.	sogenannt
u.a.	unter anderem
UX	User Experience (dt. Benutzererfahrung bzw. Nutzungserlebnis)
WCAG	Web Content Accessibility Guidelines
Web-CLIP	Website-Clarity, Likeability, Informativeness, Credibility
WWW	World Wide Web
z.B.	zum Beispiel

4

Abbildungsverzeichnis

Tabellenverzeichnis

Anlagenverzeichnis

1 Die Entwicklung des World Wide Webs: Eine historische Analyse

Das Jahr 2021 ist ein Jubiläum im Bereich der digitalen Welt. Das World Wide Web (WWW) wird 30 Jahre alt. Seit der Einführung, Anfang der 90er Jahre, hat es sämtliche Aspekte der Informationsgewinnung, Kommunikation und Interaktion grundlegend verändert. Das dreißigjährige Bestehen gibt Anlass, die Entwicklung von Webdesign und - Ergonomie sowie User Experience (UX dt. Benutzererfahrung bzw. Nutzungserlebnis) im Laufe der Zeit zu reflektieren.

Die vorliegende Arbeit gliedert die Entwicklung in verschiedene Phasen und beschreibt deren Konzepte und Designstrategien. Im Fokus stehen dabei die drei Faktoren Webdesign und -Ergonomie sowie UX, die das digitale Erlebnis der Nutzenden prägen. Die dafür eingesetzten Technologien finden hier aufgrund der vorgegebenen Aufgabenstellung weniger Berücksichtigung. Das Ziel ist es, die Intentionen und Begründungen hinter den Designstrategien in den jeweiligen Phasen darzulegen.

Die Nutzung von Webseiten, das Finden und Sammeln von Informationen sowie die Interaktion mit Inhalten hat sich im Laufe der Jahre stark verändert. Durch ein Verständnis der historischen Entwicklung sowie den damit verbundenen Absichten, lässt sich rückblickend verstehen, weshalb bestimmte Designstrategien ausgewählt und umgesetzt wurden.

Die aufgeführten Phasen repräsentieren die Entwicklung von UX, Webdesign und-Ergonomie. Jede Phase beinhaltet einzigartige Konzepte und Designstrategien, die jeweils an die technologischen Möglichkeiten sowie an die Bedürfnisse der Nutzer angepasst sind. Einige Phasen davon dauern gegenwärtig an und werden sich auch in Zukunft konstant weiterentwickeln. Diese Arbeit ermöglicht die designtechnischen Fortschritte und Veränderungen über die Jahre hinweg zu verstehen.

Am Ende sollen die Lesenden verstehen, wie UX, Webdesign und -Ergonomie dazu beitragen, das digitale Benutzererlebnis für Millionen von Menschen kontinuierlich zu verbessern.

1.1 World Wide Web vs. Internet: Den Unterschied erklärt

Die Begriffe WWW und Internet werden häufig im Sprachgebrauch synonym verwendet. Jedoch haben sie unterschiedliche Bedeutungen, die in diesem Kapitel kurz aufgezeigt werden.

Historisch betrachtet existiert das Internet bereits vor dem WWW. Es geht aus dem im Jahr 1969 entstandenen ARPANET hervor, was damals ein Projekt des US-Verteidigungsministeriums war. Dessen Einsatz wurde auf die Vernetzung von Universitäten sowie Forschungseinrichtungen begrenzt, mit dem Ziel, die beschränkten Rechenkapazitäten sinnvoll zu nutzen.[1]

Das Internet, ein globales Netzwerk von Computern, ermöglicht den weltweiten Austausch und die Verbindung von Informationen. Es besteht aus einer Reihe von Technologien, Protokollen und Infrastrukturen, durch die Computer, miteinander kommunizieren können. Für die Übertragung einer Vielzahl von Daten wie bspw. E-Mails, Dateien und Nachrichten bildet das Internet die Grundlage. Es bietet den Zugang zum WWW, welches wiederum aus einer Reihe miteinander verknüpften Webseiten besteht. Das Konzept dafür wurde in den 1980er Jahren von Tim Berners-Lee, einem britischen Wissenschaftler eingeführt und hat sich seither zu einer der wohl am häufigsten genutzten Anwendungen des Internets entwickelt.[2]

Das Ziel des WWW ist es, die fortschreitenden Technologien von Computern, Datennetzwerken und Hypertext in ein stabiles und benutzerfreundliches globales Informationssystem zu implementieren.[3] Das Internet dient als Kommunikationsinfrastruktur für das WWW, welches eine Vielzahl von Inhalten wie Webseiten, Bilder, Videos und Audiodateien beinhaltet. Auf diese Inhalte können die Benutzenden über unterschiedliche Webbrowser zugreifen, um anschließend mit ihnen zu interagieren.[4]

---

[1] Vgl. Justus-Liebig-Universität Gießen (2014).
[2] Vgl. Suchhelden (2023).
[3] Vgl. CERN (2023).
[4] Vgl. Suchhelden (2023).

1.2 Frühe Phase

Die frühe Phase, welche die Grundlagen für das WWW legt, findet Ende der 1980er bis Anfang der 1990er Jahre statt. Der Schwerpunkt dieser Phase liegt auf der Einführung des WWW, Informationsvermittlung und Entwicklung der ersten Webseiten.[5]

Sie sind zunächst damals rein textbasiert und besitzen eine einfache Struktur (vgl. Abbildung 1) ohne visuelle Effekte oder ästhetischen Details. In Bezug auf das Design sind sie rückblickend schlicht und minimalistisch gestaltet. Aufgrund der visuellen Darstellungsmöglichkeiten beschränken sich die Farben auf den Webseiten hauptsächlich auf Schwarz und Weiß. Bilder und Grafiken werden in den Anfangszeiten nicht verwendet. Das Webdesign dieser Zeit kann daher als funktional und schlicht beschrieben werden. Die Priorität liegt lediglich darauf, Informationen effizient (ohne unnötige visuelle Ablenkungen) darzustellen bzw. zu übermitteln.[6]

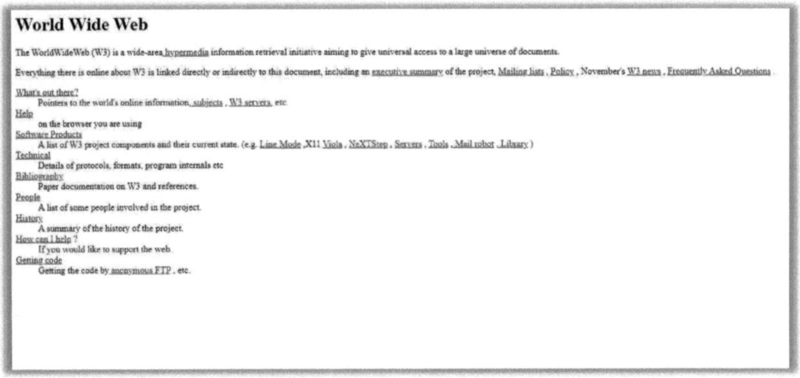

Abbildung 1: Screenshot der ersten Webseite im WWW

Quelle: http://info.cern.ch/hypertext/WWW/TheProject.html

In den Anfängen des WWW gibt es noch keine klaren Standards bzw. Richtlinien bezüglich UX, Webdesign und -Ergonomie. Das Hauptkonzept einer Webseite ist zu dieser Zeit der Austausch von Informationen und die Automatisierung dieses Austauschs. Die heutigen Standards für Benutzerfreundlichkeit und Webdesign sind zu dieser Zeit noch nicht vorhanden.[7]

---

[5] Vgl. Harringer (2018).
[6] Vgl. Harringer (2018).
[7] Vgl. Torcasso (2020).

Die Einführung von Hypertext Transfer Protocol (HTTP) und der Hypertext Markup Language (HTML) markiert jedoch einen entscheidenden Meilenstein für die zukünftige Entwicklung. Diese Entwicklungen ermöglichen den Aufbau und die Verknüpfungen von Webseiten. Sie bilden bis heute die Grundlage für das WWW und legen den Grundstein für den Bereich Webdesign und Benutzererfahrung.[8]

In den folgenden Phasen spielen das Design und die Benutzerfreundlichkeit eine verstärkte Rolle. Diese Kriterien erfüllen die Bedürfnisse der Nutzenden und verbessern das digitale Erlebnis.

1.3 Grafische Phase

Während der grafischen Phase, die sich etwa von Mitte der 1990er bis Anfang der 2000er Jahre reicht, gewinnt das WWW zunehmend an Attraktivität und Ausdruckskraft. In dieser Zeit werden kontinuierlich neue Möglichkeiten zur visuellen Gestaltung von Webseiten entwickelt. Diese Phase markiert einen wichtigen Meilenstein in der Entwicklung von UX sowie Webdesign und -Ergonomie. Die Implementierung von Grafiken, Bildern und Farben innerhalb von Webseiten stellt eine bedeutsame Veränderung dar. Dadurch können Inhalte ansprechender und attraktiver präsentiert werden, um das Interesse und die Aufmerksamkeit der Nutzer zu steigern. Visuelle Elemente ermöglichen es, Informationen mittels Grafiken und Bildern zu vermitteln, anstatt diese rein textbasiert zu kommunizieren.[9]

Durch die Verwendung von HTML-Tabellen zur Gestaltung von Layouts kann nun der Inhalt in unterschiedliche Zellen und Spalten aufgeteilt werden. Dadurch ist es möglich, die Inhalte und Elemente gezielt anzuordnen. Dies eröffnet neue Möglichkeiten zur kreativen Gestaltung und verbessert die visuelle Ästhetik der Webseiten.[10]

Im Fokus dieser Phase steht die visuelle Attraktivität. Zu diesem Zeitpunkt werden grelle Banner und blinkende Schaltflächen (vgl. Abbildung 2) häufig eingesetzt, um sich von Wettbewerbern abzuheben und Webseiten für damalige Verhältnisse ansprechend zu gestalten.[11] Jedoch ist das Design oft komplex und überladen, was die Benutzerfreundlichkeit beeinträchtigt. Die Navigation und das Auffinden von Informationen sind zu jener Zeit nur schwer intuitiv umsetzbar.[12]

---

[8] Vgl. Hönes (2019).
[9] Vgl. Jahanian et al. (2017), S. 2677–2678.
[10] Vgl. Maya Stoeva (2021), S. 4.
[11] Vgl. Joofy (2021).
[12] Vgl. Kneymeyer/Svoboda (2023).

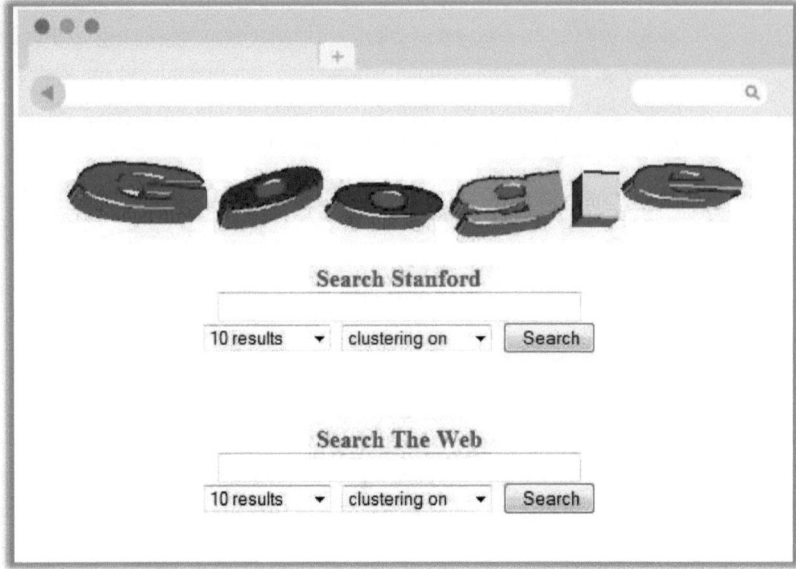

Abbildung 2: Screenshot der Google Startseite im Jahr 1995

Quelle: https://wolkenhart.com/webdesignblog/geschichte-des-webdesigns

Obwohl diese Phase in erster Linie die visuelle Gestaltung priorisiert, lassen sich erste Ansätze zur Verbesserung der Benutzererfahrung erkennen. In diesem Kontext werden Hyperlinks eingesetzt und farblich gekennzeichnet, um deren Interaktivität besser darzustellen.[13]

Die grafische Phase legt den Grundstein für eine Diversität an visuellen Elementen und ermöglicht gleichzeitig eine ansprechende Präsentation von Inhalten. Sie verdeutlicht die zukünftige Herausforderung, eine Balance zwischen visueller Gestaltung und Benutzerfreundlichkeit zu etablieren.

In den weiteren Entwicklungsphasen wird die Bedeutung von Benutzerfreundlichkeit und interaktiven Elementen akzentuiert, um ein optimales Benutzererlebnis zu gewährleisten.

---

[13] Vgl. Rudolf (2006), S. 13.

1.4 Web 2.0 Phase

Die Web 2.0 Phase löst rückblickend bahnbrechende Veränderungen aus und ermöglicht eine neue Ebene der Zusammenarbeit und Interaktion im WWW. Diese Phase, die etwa von Mitte der 2000er bis Anfang der 2010er Jahre reicht, spielt eine entscheidende Rolle bei der Gestaltung des modernen Internets. Die Entstehung von Social-Media-Plattformen, Blogs, Foren und anderen kollaborativen Tools für die Zusammenarbeit eröffnet nun das Potenzial für eine aktive Teilnahme an der Erstellung und Weitergabe von Inhalten. Dies ist ein zentraler Aspekt des Web 2.0. bei dem Benutzerinteraktion im Mittelpunkt steht, anstatt passiv Informationen zu konsumieren.[14]

Der Einsatz von Technologien wie Ajax und JavaScript ist ein weiteres Merkmal des Webs 2.0. Es ist dadurch möglich, Webseiten dynamisch zu aktualisieren, ohne dass ein komplettes Neuladen erforderlich ist. Diese neue Funktion ebnet den Weg für Live-Chats und Echtzeit-Updates.[15] Das Benutzererlebnis der Webseiten wird in dieser Phase durch Veränderungen der Designstrategie verbessert. Dazu gehört eine stärkere Betonung der Benutzerfreundlichkeit durch eine klare Informationsarchitektur und intuitive Navigation. In dieser Phase wird der Designansatz geändert, um der Benutzerzentrierung Vorrang vor rein ästhetischen Reizen zu geben, um die Besucherinteraktion zu verbessern. Es etablierten sich erste Standards und bewährte Gestaltungsmuster für Webseiten, wie bspw. einheitliche Anordnungen von Menüs, Suchleisten und Navigationselementen.[16]

Im Zeitalter des Web 2.0 werden die Möglichkeiten für Unternehmen revolutioniert, um zu kommunizieren, ihre Dienstleistungen/ Produkte zu vermarkten und Kunden zu bedienen. Sie setzen bewusst auf benutzerfreundliche Plattformen und fördern die Beteiligung der Gemeinschaft durch soziale Interaktion.[17] Statt nur passivem Surfen wird das WWW zu einem Ort, an dem Menschen nun zusammenarbeiten können. Dies ist ein grundlegender Wandel in der Online-Interaktion, der die Bedeutung der Interaktivität des Benutzererlebnisses betont.[18] Durch gezielte Designaspekte stellt man sicher, dass die Bedürfnisse der Nutzenden erfüllt und ihre Interaktionen mit der Webseite optimiert wird. Dieser Fortschritt öffnet die Tür für noch mehr Innovation im Bereich Webdesign und Benutzererfahrung.

---

[14] Vgl. Lackes (2018).
[15] Vgl. Leibniz-Instituts für Wissensmedien (2015).
[16] Vgl. Joofy (2021).
[17] Vgl. mediadefine GmbH (2023).
[18] Vgl. Kollmann/Häsel (2007), S. 62.

1.5 Mobile Phase

Das Aufkommen von Smartphones und Tablets Mitte der 2000er Jahre bringt eine entscheidende Entwicklung mit sich. Die mobile Phase verändert komplett die Art und Weise, wie Menschen das WWW nutzen. Der kontinuierliche Anstieg von Smartphones und Tablets bringt jedoch auch neue Hürden mit sich. Die Nutzer erwarten plötzlich, dass Webseiten und Apps auf kleineren Displays einwandfrei funktionieren und ein außergewöhnliches Benutzererlebnis bieten. Das Responsive Design ist ein bedeutender Durchbruch bei der Lösung dieser Herausforderung. Dabei werden anpassbare Layouts erstellt sowie medienspezifische Cascading Style Sheets (CSS)-Regeln verwendet, um Inhalte auf verschiedenen Bildschirmgrößen optimal anzuzeigen. Diese innovative Lösung ist einer von mehreren Ansätzen, um die Herausforderungen der mobilen Phase bewältigen zu können.[19]

Bis zum heutigen Tag steht im Fokus, den Benutzern auf kleineren Bildschirmen ein reibungsloses und angenehmes digitales Erlebnis zu bieten. Die Touchscreen-Optimierung (Daumenfreundlichkeit) sowie intuitive Benutzerführungssysteme spielen dabei eine entscheidende Rolle. Bei der Entwicklung von Interaktionselementen werden die Benutzerfreundlichkeit sowie die Navigation auf mobilen Geräten berücksichtigt. Bei der Gestaltung von Webseiten ist die Bedienbarkeit ein wichtiges Kriterium, welches im Vergleich zu herkömmlichen Endgeräten im mobilen Format durch Tippen oder Wischen erfolgt, anstatt die Verwendung einer am Computer angeschlossenen Maus. Das Abrufen von Informationen, die Nutzung sozialer Medien sowie das digitale Einkaufen sind mobile Aktivitäten, die immer beliebter werden. Infolgedessen müssen Unternehmen und Organisationen ihre Online-Präsenz neu gestalten, um auf mobile User einzugehen und ihre Angebote entsprechend anzupassen.[20]

Neue Technologien und Standards entstehen aus der mobilen Phase. Ein Beispiel dafür sind progressive Web-Apps (PWAs), die es ermöglichen, eine App-ähnliche Oberfläche in ihrem Webbrowser zu nutzen und Inhalte bei unterschiedlichen Verbindungsqualitäten zuverlässig abzurufen.[21] Darüber hinaus ermöglichen Verbesserungen der mobilen Konnektivität – wie 3G, 4G und 5G – schnellere Ladegeschwindigkeiten und eine bessere Leistung mobiler Geräte, was die Benutzererfahrung deutlich steigert.

---

[19] Vgl. Friedman (2011).
[20] Vgl. Kreutzer/Seyed Vousoghi (2020), S. 1.
[21] Vgl. Richard/Lepage Pete (2020).

1.6 Aktuelle Phase

Die aktuelle Phase zeichnet sich durch eine intuitive Benutzerführung und einem minimalistischen Design aus. Visuelle Ablenkungen werden vermieden, um sicherzustellen, den Usern das bestmögliche digitale Erlebnis zu bieten. Das minimalistische Design konzentriert sich auf das Wesentliche und umfasst flache Symbole, klare Linien und eine begrenzte Farbpalette für eine angenehme und aufgeräumte Ästhetik. Diese Strategie wird kontinuierlich weiterentwickelt, um ein seriöses und übersichtliches Erscheinungsbild beizubehalten.[22]

Eine intuitiv bedienbare Benutzeroberfläche ist ein wesentlicher Aspekt der aktuellen Phase. Die Interaktion mit Navigationselementen soll aufgrund ihres benutzerfreundlichen Designs einfach und nahtlos sein. Es werden klare Strukturen und Hierarchien verwendet, um eine sich selbsterklärende Orientierung zu gewährleisten. Webseiten und Anwendungen sind in der aktuellen Phase auf die Ziele der Nutzer ausgerichtet.[23]

Diese Phase wird von zeitgenössischen Designprinzipien wie bspw. Material Design und Flat Design, die den Schwerpunkt auf Benutzerfreundlichkeit setzen, dominiert. Bei dem Flat Design stehen minimalistische Elemente, flache Symbole und klare Typografien im Mittelpunkt. Einfache Formen und Farbkontraste dienen dazu, visuelle Hierarchien zu erzeugen. Das von Google entwickelte Material Design legt Wert auf Konsistenz und eine einheitliche Benutzererfahrung über verschiedene Geräte hinweg. Es bietet ein taktiles Erlebnis durch die Verwendung von Schatten, Ebenen und Animationen, welches auf physikalischen Eigenschaften und Bewegungen basiert.[24]

Der Einsatz von Animationen und Mikrointeraktionen ist in dieser Phase häufig zu beobachten. Durch die Verwendung von subtilen Animationen kann das Benutzererlebnis verbessert und wesentliche Informationen hervorgehoben werden. Die Implementierung von Mikrointeraktionen, wie die Anzeige zusätzlicher Informationen beim Bewegen des Mauszeigers, fördert die Beteiligung und das Engagement der Benutzenden.[25]

Das sich ständig wandelnde WWW zeigt in dieser Phase seine Fähigkeit, sich an die verschiedenen Benutzeranforderungen kontinuierlich anzupassen. Der Schlüssel zu einer guten Benutzererfahrung liegt in der Einfachheit, in müheloser Navigation, dynamischen Aspekten und Barrierefreiheit. Die sukzessive Weiterentwicklung markiert die ersten Schritte der kommenden Innovationen und Trends in den nächsten Jahren.

---

[22] Vgl. Wollwage (2023).
[23] Vgl. Heinemann (2021), S. 298.
[24] Vgl. Heinz (2015).
[25] Vgl. Heinemann (2021), S. 265.

Im Jahr 2023 sind bereits unterschiedliche Trends zu erkennen, die einen möglichen Ausblick auf die Zukunft bieten. Immersive und interaktive 3D Welten, Überstimulation und Überfüllung, 90er Jahre Simulationen sowie Webseiten-Designs im Scrapbook-Look sind nur einige der Entwicklungen, die sich abzeichnen. In immersive und interaktive 3D Welten können Nutzer in virtuelle Realitäten eintauchen und interagieren. Dies öffnet vielfältige Möglichkeiten für die Unterhaltung, Bildung sowie Produktverkäufe. Ein weiterer Webseitentrend, der sich abzeichnet, setzt auf eine Vielzahl an Elementen, um eine starke visuelle Wirkung zu erzeugen.[26] „Animierte Hintergründe, einzigartige Klickeffekte und schwebende Elemente, übergroße Typografie, leuchtende knallige Farben und auffällige Bilder – bei diesen Webseiten kommt die Ablehnung des konventionellen Designstils zum Ausdruck."[27] Zudem findet die Rückkehr der 90er Jahre nicht nur in Videospielen, Musik und Mode statt, sondern auch innerhalb von Webseiten. Hier wird gezielt versucht, mit digitalen Simulationen das Nostalgiegefühl der Menschen anzusprechen. Ein pixeliges Desktop-Symbol oder funkelnde Farbblöcke soll an Kindheitstage erinnern und dabei vertraute Erinnerungen hervorrufen. Ein weiterer Trend im Webseiten-Design ist der sog. Scrapbook-Look (vgl. Abbildung 3), bei dem der Fokus auf handgemachte Elemente liegt. Darunter zählen Skizzen bzw. Kritzeleien, handschriftliche Texte sowie Grafiken im Sticker Design. Diese Elemente werden in einer Collage vereint, sodass das Gefühl entsteht, eine traditionelle Zeitschrift zu durchblättern. Dieser Trend sorgt für eine einzigartige Nutzererfahrung und hebt sich deutlich von der dezenten und minimalistischen Ästhetik ab. Diese Entwicklungen deuten daraufhin, dass auch zukünftig viele spannungsvolle Trends im Bereich des Webdesigns und der Benutzererfahrung zu beobachten sind.[28]

Anmerkung der Redaktion:
Diese Abbildung wurde aus urheberrechtlichen Gründen entfernt.

Abbildung 3: Scrapbook-Look
Quelle: https://www.econsor.de/webdesign/webdesign-trends/aktuelle-webdesign-trends/

---

[26] Vgl. Wollwage (2023).
[27] Wollwage (2023).
[28] Vgl. Wollwage (2023).

2 Evaluierung von Webanwendungen: Methodenvergleich

Eine Webanwendung ist ein Anwendungsprogramm, das auf einem Webserver gespeichert ist und über einen Webbrowser wie bspw. Google Chrome, Firefox oder Apple Safari ausgeführt wird. Eine Installation der Anwendung auf einem Endgerät ist in der Regel nicht notwendig.[29]

Webanwendungen kommen nahezu in allen Branchen und Bereichen zum Einsatz. Typische Beispiele hierfür sind E-Mail-Dienste (Gmail), E-Commerce-Plattformen (Amazon) sowie soziale Netzwerke (Facebook). Diese Anwendungen ermöglichen es bspw., mit einem Webbrowser auf E-Mails zuzugreifen, sie zu lesen, zu schreiben und zu verwalten ohne dabei eine spezielle E-Mailsoftware installieren zu müssen. Anwender können auf Amazon bequem über das Internet Produkte suchen, auswählen und kaufen. Bei Facebook können Benutzer ihre Profile einsehen, Beiträge veröffentlichen, mit Freunden interagieren sowie verschiedene Funktionen (Nachrichten, Gruppen und Veranstaltungen) nutzen.[30]

2.1 Qualitätsmerkmale einer Webanwendung

Die internationale mehrteilige Norm ISO/IEC 25000 (Software-Engineering – Software product Quality Requirements and Evaluation (SQuaRE)) definiert Software-Qualität und die Merkmale davon.[31] Man versteht „unter dem Begriff der Softwarequalität die gesamten Merkmale und Eigenschaften eines Softwareprodukts, die sich auf dessen Eignung beziehen müssen, um spezifische und im Vorfeld definierte Erfordernisse zu erfüllen."[32]

In der folgenden Tabelle werden sechs relevante Qualitätsmerkmale für Webanwendungen aus der Norm dargestellt, um anschließend die verschiedenen Vorgehensweisen, welche die Qualität einer Webanwendung evaluieren, miteinander zu vergleichen.

Qualitätsmerkmal	Beschreibung	Teilmerkmale
Funktionalität (Functionality)	Eine Webanwendung soll definierte Anforderungen erfüllen und die gewünschten Funktionen korrekt ausführen.	Angemessenheit, Interoperabilität, Ordnungsmäßigkeit, Richtigkeit, Sicherheit
Zuverlässigkeit (Reliability)	Die Fähigkeit einer Anwendung, die Leistungsfähigkeit innerhalb eines festgelegten Zeitraums unter definierten	Fehlertoleranz, Reife, Wiederherstellbarkeit

---

[29] Vgl. Kappes (2022), S. 347.
[30] Vgl. Fritzsche (2023).
[31] Vgl. Franz (2015), S. 20.
[32] Augsten (2019).

17

	Bedingungen auf konstantem Niveau zu halten.	
Benutzbarkeit (Usability)	Beschreibt eine ansprechende und leicht verständliche Benutzeroberfläche, die den Benutzern eine einfache, intuitive Navigation und Nutzung ermöglicht.	Attraktivität, Bedienbarkeit, Erlernbarkeit, Verständlichkeit
Effizienz (Efficiency)	Eine Webanwendung soll schnell reagieren und eine vertretbare Ladezeit aufweisen.	Verbrauchsverhalten, Zeitverhalten (Performanz)
Änderbarkeit (Maintainability)	Neue Funktionen und Erweiterungen sollen sich leicht ergänzen lassen sowie Korrekturen von Fehlern und Verbesserungen gestatten.	Analysierbarkeit, Modifizierbarkeit, Prüfbarkeit, Stabilität
Übertragbarkeit (Portability)	Bezeichnet die einfache Übertragung von Webanwendungen von einer Umgebung in eine andere.	Anpassbarkeit, Austauschbarkeit, Installierbarkeit, Koexistenz

Tabelle 1: Qualitätsmerkmale einer Webanwendung

Quelle: Eigene Darstellung in Anlehnung an Franz (2015) S. 20-21

2.2 Vorgehensweisen

Es gibt verschiedene Vorgehensweisen, anhand denen sich die Qualität einer Webanwendung evaluieren lässt. In der Praxis hängt die Auswahl dieser Vorgehensweisen von verschiedenen Faktoren ab, wie z.B. der Art der Webanwendung, des verfügbaren Budgets, der zeitlichen Einschränkungen sowie den spezifischen Anforderungen des Projekts. Häufig kommen dabei verschiedene Kombinationen aus Methoden zum Einsatz, um ein umfassendes Bild der Webanwendungsqualität zu erlangen. Die Evaluierung einer Webanwendung ist ein kontinuierlicher Prozess, der regelmäßig durchzuführen ist. Dadurch lässt sich u.a. die Leistung, Sicherheit und Benutzerfreundlichkeit der Anwendung aufrechterhalten und mögliche Verbesserungspotenziale identifizieren. Im Folgenden werden die Methoden aufgrund des vergebenen Umfangs allgemein beschrieben. Gezielte Maßnahmen finden keine Anwendung.[33]

---

[33] Vgl. BITKOM (2015), S. 15.

2.2.1 Sicherheitstests

Die Qualitätsbewertung einer Webanwendung erfordert die Durchführung von Sicherheitstests, die für die Aufdeckung potenzieller Sicherheitslücken entscheidend sind. Diese Tests überprüfen die Funktionalität und Anpassungsfähigkeit der Anwendung. Durch gezielte Angriffe und Penetrationstests wird ermittelt, ob die Anwendung gegen unbefugten Zugriff, Datenlecks und anderen Sicherheitsrisiken/ -lücken geschützt ist. Die Durchführung von Sicherheitstests ist für eine Webanwendung unverzichtbar. Sie erfordern jedoch spezielle Kenntnisse und können zeitaufwändig sein. Die Sicherheit von Webanwendungen wird jedoch dadurch langfristig gewährleistet und etwaige Schwachstellen aufgezeigt, die es kontinuierlich zu beheben gilt.[34]

2.2.2 Usability-Tests

Die Beurteilung der Benutzerfreundlichkeit einer Webanwendung erfolgt durch sog. Usability-Tests. Diese Tests umfassen Inhalts- und Oberflächentests und werden unter Einbeziehung von Testpersonen durchgeführt. Es gilt zu beurteilen und zu überprüfen, ob die Anwendung den Bedürfnissen und Erwartungen der Benutzer entspricht und diese sich intuitiv bedienen lässt.[35] Diese Vorgehensweise setzt eine sorgfältige Vorbereitung und Ressourcenkalkulation voraus, da potenzielle Testpersonen ausgewählt und geschult sowie entsprechende Testszenarien formuliert werden müssen. Die Ergebnisse dieser Tests können tiefe Einblicke in die Benutzererfahrung liefern und so die Verbesserung der Benutzerfreundlichkeit von Webanwendungen ermöglichen. Der Aufwand für Usability-Tests kann je nach Umfang und Zielgruppe stark variieren. Es lassen sich dennoch Schwachstellen und Schwierigkeiten der Benutzeroberfläche eindeutig identifizieren.[36]

2.2.3 Funktionstests

Die Beurteilung der Effizienz, Zuverlässigkeit und Funktionalität einer Webanwendung erfolgt durch Funktionstests. Dabei wird eine Webanwendung hohen Belastungen ausgesetzt, um deren Grenzen aufzuzeigen und die Stabilität der Anwendung zu ermitteln. Gemessen werden dabei u.a. das Zeitverhalten aller Funktionen, das Verhalten des Gesamtsystems bei steigender Last und der Ressourcenverbrauch der Webanwendung.[37] Die Durchführung von Funktionstests erfordert eine aufwändige Planung und Zuweisung

---

[34] Vgl. Franz (2015), S. 134–140.
[35] Vgl. Franz (2015), S. 161.
[36] Vgl. Richter/Flückiger (2016), S. 104–109.
[37] Vgl. Franz (2015), S. 215–218.

von Ressourcen, da sie eine umfassende Testumgebung sowie spezielle Tools und technisches Wissen erfordert.[38] Die Ergebnisse dieser Tests decken Engpässe und Schwachstellen in der Anwendung auf und bewerten sie aus einer technischen Perspektive. Potenzielle Verbesserungsmöglichkeiten, welche die Leistung und Zuverlässigkeit der Anwendung verbessern können, werden aufgezeigt. Ein Beispiel für solche Tests sind Last- und Stresstests sowie Speicherleck- und Skalierbarkeitstests.[39]

2.2.4 Tests zur Änderbarkeit und Übertragbarkeit

Da sich viele Webanwendungen mittlerweile auch auf Endgeräten installieren lassen, wird in diesem Kapitel auch die Übertragbarkeit der Anwendungen thematisiert. Anhand von Code-Analysen kann das Qualitätsmerkmal Änderbarkeit überprüft werden. Es lässt sich feststellen, ob die Webanwendung nach vorgegebenen Programmierstandards entwickelt ist. Umso besser die Programmierung umgesetzt ist, desto einfacher kann die Anwendung auf andere Systeme übertragen werden. Die Übertragbarkeit wird im Installationstest getestet. Diese beiden Komponenten beruhen auf einem entsprechenden Systemdesign und strukturierten Code.[40] Diese Tests ermöglichen die Bewertung der Codequalität sowie die Identifizierung von potenziellen Fehlerquellen. Sie können manuell oder mithilfe von automatisierten Tools durchgeführt werden. Der Aufwand hängt stark von der Größe und Komplexität des Projektes ab. Es erfordert zudem technisches Fachwissen und die Berücksichtigung des zeitlichen Aufwands.[41]

---

[38] Vgl. Franz (2015), S. 228–230.
[39] Vgl. Franz (2015), S. 236.
[40] Vgl. Franz (2015), S. 201.
[41] Vgl. Franz (2015), S. 212–213.

3 Evaluierung der Gebrauchstauglichkeit einer Webseite

Die Gebrauchstauglichkeit einer Webseite spielt im digitalen Zeitalter eine essenzielle Rolle für den Erfolg von Unternehmen. Durch benutzerfreundliche Webseiten können Besucher effektiv mit den zur Verfügung gestellten Inhalten interagieren, umso eine positive Nutzererfahrung zu erleben. Für die Evaluierung einer Webseite ist es wichtig, auf einschlägige Normen und Standards zurückzugreifen. Daraus lassen sich objektive Kriterien und Richtlinien ableiten, anhand derer sich die Gebrauchstauglichkeit einer Webseite beurteilen lässt.

Im Rahmen dieser Aufgabe wird die Gebrauchstauglichkeit der Webseite von der Firma Nike (www.nike.com/de/) evaluiert. Die dafür zum Einsatz kommenden Normen und Standards sind die ISO 9241 (Ergonomie der Mensch-System-Interaktion), WCAG (Web Content Accessibility Guidelines) sowie der Web-CLIC-Fragebogen, welcher den Inhalt einer Webseite subjektiv bewertet. An dieser Stelle ist anzumerken, dass die Beurteilung von der Gebrauchstauglichkeit einer Website in der Regel nicht nur auf Normen und Standards begrenzt sein soll. Es empfiehlt sich darüber hinaus, auch Benutzerfeedback, Usability-Tests und andere qualitative Methoden einzubeziehen, um einen umfassenden Einblick zu erlangen.[42] Aufgrund des vorgegebenen Umfangs dieser Aufgabe werden die genannten Normen und Standards in der Form eines Expertentests auf deren Konformität evaluiert. Dafür untersucht ein Experte die Güte der Webseite. Entscheidend für den Erfolg dieser Evaluierung ist die Expertise des Prüfers sowie eine langjährige Erfahrung im Umgang mit Webseiten, um Verbesserungspotenziale aufzudecken.[43]

Im Fachjargon wird Gebrauchstauglichkeit üblicherweise mit dem englischen Wort Usability übersetzt. Der Begriff definiert sich laut der DIN EN ISO 9241-11 „als das Ausmaß, in dem ein Produkt durch bestimmte Benutzer in einem bestimmten Anwendungskontext genutzt werden kann, um bestimmte Ziele effektiv, effizient und zufriedenstellend zu erreichen."[44] Daher soll eine Webseite einfach zu bedienen sein und es den Benutzern ermöglichen, die gesuchten Informationen schnell zu finden. Die Usability einer Webseite ist objektiv und subjektiv zu bewerten. Zum einen kann sie objektiv anhand der Ladegeschwindigkeit und der Linktiefe beurteilt werden. Zum anderen beeinflusst die subjektive Komponente die Zufriedenheit der Nutzer sowie die persönliche Wahrnehmung des Unternehmens und das damit verbundene Vertrauen in die Webseite und die Organisation.[45]

---

[42] Vgl. Thielsch (2019), S. 21–22.
[43] Vgl. Handbuch Usability (2022).
[44] usability.de (2023).
[45] Vgl. Thielsch (2019), S. 6.

3.1 Subjektive Evaluierung

Die Abkürzung Web-CLIC bedeutet Website-Clarity, Likeability, Informativeness, Credibility. Anhand des WEB-CLIC Fragebogens lassen sich Inhalte einer Webseite bewerten. Darin enthalten sind zwölf Fragen, welche die vier Bereiche (Verständlichkeit, Gefallen, Informationsgehalt und Glaubwürdigkeit) abbilden. Es lässt sich abschließend ein Gesamtwert berechnen, der das subjektive Erlebnis des Webseiten-Inhalts widerspiegelt. Er basiert auf sechs Studien mit insgesamt n = 3106 Befragten und m = 60 getesteten Webseiten und ist somit als evident und reliabel anzusehen.[46]

Der ausgefüllte Fragebogen befindet sich in den Anlagen. Die Inhalte der zu evaluierenden Webseite sind sehr anschaulich aufbereitet. Zum Einsatz kommen farbenfrohe Bilder und minimalistische Designs. Eine klare intuitive Struktur und Menüführung sorgen dafür, dass Inhalte leicht aufzufinden sind. Jedoch ist zu bemängeln, dass Produktbewertungen in fremden Sprachen (s. Abbildung 4) angezeigt werden, die ggf. die Kaufentscheidung negativ beeinflussen.

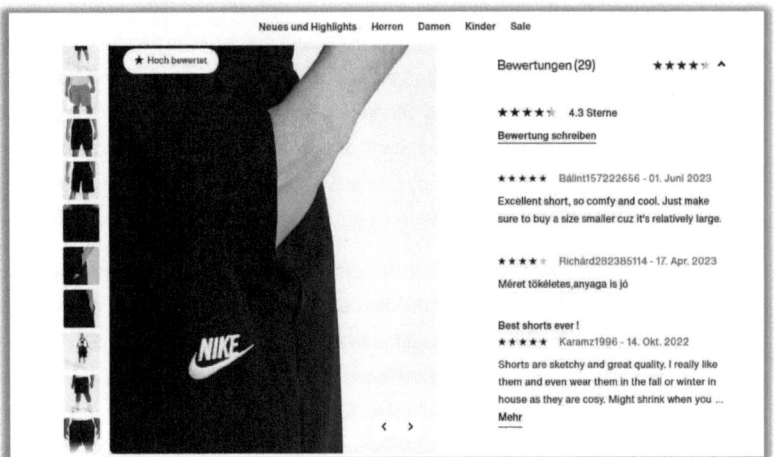

Abbildung 4: Screenshot einer Produktseite

Quelle: https://www.nike.com/de/t/sportswear-club-herrenshorts-0nWhJs/BV2772-010

Benutzer der Webseite erhalten qualitativ hochwertige Informationen (Produktdetails wie z.B. Größe und Passform, Farben und Tragekomfort), um Fehlkäufe zu minimieren. Die Texte sind leicht verständlich formuliert und wecken das Interesse der Lesenden.

---

[46] Vgl. Thielsch (2019), S. 56.

Besonders hervorzuheben, ist die Seriosität und Glaubwürdigkeit der Webseite. Dies gelingt Nike durch eine transparente Kommunikation, einen sauberen Webauftritt und der weltweiten Präsenz.

Die Entwickler des Web-CLIC- Fragebogen, Thielsch und Hirschfeld (2019), definieren für E-Commerce Webseiten einen Richtwert von 4,79. Ein Ergebnis darüber spricht für eine positive Gebrauchstauglichkeit der Webseite.[47] Dieser Wert lässt sich anhand der Mittelwerte der einzelnen Bereiche bilden. Die zu evaluierende Webseite hat einen abschließenden Wert von 5,92 und der Inhalt ist damit als gebrauchstauglich zu bewerten.

3.2 Objektive Evaluierung

Die Norm DIN EN ISO 9241-11 beschreibt die Grundsätze der Usability. Dazu zählen Effektivität, Effizienz und Zufriedenheit des Nutzers. Da die Zufriedenheit eine subjektive Komponente ist, findet sie in diesem Kapitel keine Anwendung.

Effektivität beschreibt „die Genauigkeit und Vollständigkeit, mit der Benutzer ein bestimmtes Ziel erreichen."[48] Die Webseite von Nike ermöglicht es dem Nutzer, schnell und einfach für sich passende Produkte zu finden und zu kaufen. In der Menüführung findet eine einfache Differenzierung (Neues und Highlights, Herren, Damen, Kinder, Sale) statt. Im nächsten Schritt lassen sich dann gezielt einzelne Produktkategorien auswählen, welche die gewünschten Produkte übersichtlich darstellen. Dies ist intuitiv bedienbar und prominent platziert.

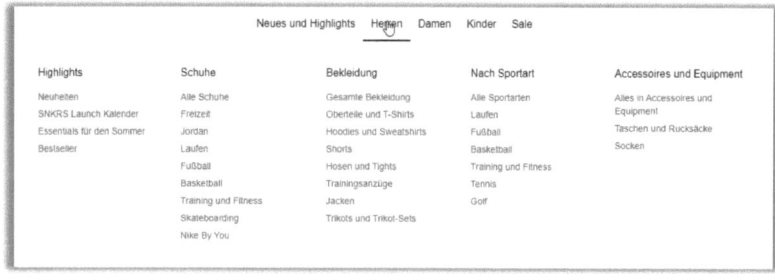

Abbildung 5: Screenshot der Menüführung

Quelle: https://www.nike.com/de/

---

[47] Vgl. Thielsch/Hirschfeld (2019), S. 33.
[48] Geis (2022).

Effizienz beschreibt den „im Verhältnis zu Genauigkeit und Vollständigkeit eingesetzten Aufwand, mit dem Benutzer ein bestimmtes Ziel erreichen."[49] Dafür relevant sind Ladezeiten der Webseite, welche als ungenügend zu bewerten sind. Dies geht aus einem Google Lighthouse Report (s. Abbildung 6) hervor. Die Gründe hierfür sind zu große Bilder, Videos, Animationen und weitere Elemente, die der Browser nur langsam lädt. Es gilt abzuwägen, ob langsame Ladezeiten Produktkäufe beeinflussen. Hier ist definitiv Optimierungspotenzial, um Benutzer der Webseite schneller an ihr Ziel zu führen.

Abbildung 6: Screenshot Google Lighthouse Report

Quelle: https://googlechrome.github.io/lighthouse/viewer/

Die Norm DIN EN ISO 9241-171 befasst sich mit den Anforderungen an interaktive Systeme zur Unterstützung von Benutzern mit eingeschränkten Fähigkeiten. Dazu gehören unter anderem Sehbehinderungen/ Blindheit, Gehörlosigkeit, kognitive/ geistliche Behinderungen oder motorische Einschränkungen.[50] Die Web Content Accessibility Guidelines (WCAG) sind ein international anerkannter Standard für die Barrierefreiheit von Websites. Die Richtlinien bestehen aus vier Prinzipien: Wahrnehmbarkeit, Bedienbarkeit, Verständlichkeit und Robustheit.[51] Die Evaluierung der Barrierefreiheit und der damit verbundenen vier Prinzipien findet mithilfe von einem Tool (Wave) statt. Es handelt sich dabei um ein Bewertungstool, welches Webentwickler unterstützt, Webinhalte für

---

[49] Geis (2022).
[50] Vgl. Deutsches Institut für Normung (2023).
[51] Vgl. W3C (2023).

Menschen mit Einschränkung zugänglicher zu machen. Es identifiziert Fehler und Opti-
mierungspotenziale in Bezug auf die Barrierefreiheit und die WCAG.[52]

Wahrnehmbarkeit bedeutet, dass Informationen und Benutzeroberflächenkomponenten für Benutzer auf eine Art und Weise darstellbar sind, in der sie wahrgenommen werden können.[53] Nike bietet auf seiner Webseite alternative Texte für Bilder für sehbehin-
derte Nutzer an. Die Farbkontraste auf der Seite reichen aus, um eine gute Lesbarkeit
zu gewährleisten.

Bedienbarkeit bedeutet, dass Benutzeroberflächenkomponenten und Navigation leicht
bedienbar sein müssen.[54] Die Website lässt sich vollständig per Maus oder Tastatur bedienen, was für Benutzer mit motorischen Einschränkungen von Vorteil ist. Allerdings
lässt sich die Navigation noch weiter optimieren. Nike verwendet viele große Bilder auf
der Startseite, welche die Blicke auf sich ziehen und vom eigentlichen Inhalt ablenken.

Verständlichkeit bedeutet, dass Informationen und die Bedienung der Benutzeroberfläche verständlich sind.[55] Die Sprache auf der Website ist verständlich und einfach gehal-
ten. Der folgende Screenshot zeigt jedoch, dass einzelne Texte zwischen großen Bildern
untergehen. Dies kann dazu führen, dass Nutzer Probleme haben, Inhalte zu finden bzw.
zu verstehen.

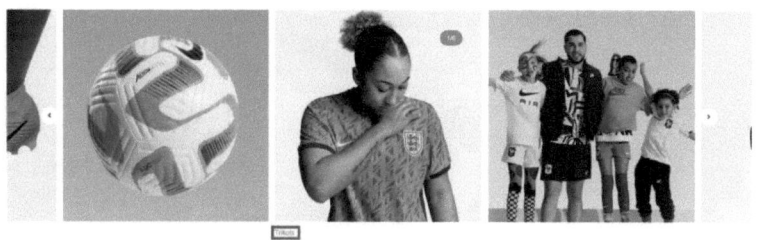

Abbildung 7: Screenshot von der Startseite

Quelle: https://www.nike.com/de/

Robustheit bedeutet, dass die Website von verschiedenen Browsern und Betriebssys-
temen sowie unterschiedlichen Endgeräten genutzt werden kann.[56] Die folgende

---

[52] Vgl. WAVE (2023).
[53] Vgl. W3C (2023).
[54] Vgl. W3C (2023).
[55] Vgl. W3C (2023).
[56] Vgl. W3C (2023).

Abbildung verdeutlicht die mobile Optimierung der Webseite. Sie ist von unterschiedlichen Browsern zugänglich und passt sich verschiedenen Größen von Endgeräten an.

Abbildung 8: Mobile Version der Nike Webseite

Quelle: https://www.nike.com/de/

Anhand des WAVE-Tests in Abbildung 10 lässt sich erkennen, dass auf der Webseite Fehler in Bezug zur Barrierefreiheit vorhanden sind. Dies bestätigt der Google Lighthouse Report in Abbildung 6. Die Gründe hierfür sind bspw. fehlende Alternativ-Texte und Kontrastfehler. Diese Anzahl an Fehler ist als durchschnittlich zu bewerten.

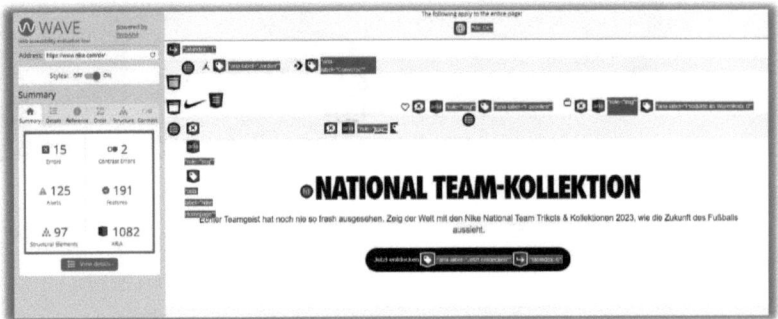

Abbildung 9: Screenshot Wave-Check

Quelle: https://wave.webaim.org/report#/https://www.nike.com/de/

Zusammenfassend lässt sich festhalten, dass die Website von Nike insgesamt eine hohe Usability aufweist. Sie spiegelt zunächst eine positive Bilanz wider. Trotzdem zeigt die Arbeit auf, dass es ein Verbesserungspotential gibt, um die Effizienz der Navigation, die

Ladezeiten sowie die Verständlichkeit zu optimieren. Gleichermaßen kann aber auch festgehalten werden, dass die Webseite von Nike weitgehend den Standards entspricht. Damit bietet sie eine solide Grundlage für eine positive Benutzererfahrung. Eine kontinuierliche Evaluierung und Optimierung können zu einer entscheidenden Verbesserung und einer für die Nutzenden noch besseren Webseiten-Erfahrung führen.

Literaturverzeichnis

Augsten, S. (2019), Was ist Softwarequalität?, Dev-Insider.

BITKOM (2015), Entwicklung erfolgreicher Webanwendungen. Leitfaden Webentwicklung 2015.

CERN (2023), A short history of the Web, in: https://home.cern/science/computing/birthweb/short-history-web, abgerufen am 4. 6. 2023.

Deutsches Institut für Normung (2023), DIN EN ISO 9241-171 Ergonomie der Mensch-System-Interaktion - Teil 171: Leitlinien für die Zugänglichkeit von Software (ISO 9241-171:2008); Deutsche Fassung EN ISO 9241-171:2008, in: https://www.din.de/de/mitwirken/normenausschuesse/naerg/veroeffentlichungen/wdc-beuth:din21:107114575, abgerufen am 20. 6. 2023.

Franz, K. (2015), Handbuch zum Testen von Web- und Mobile-Apps, Berlin, Heidelberg.

Friedman, V. (2011), Responsive Web Design: What It Is And How To Use It — Smashing Magazine, in: https://www.smashingmagazine.com/2011/01/guidelines-for-responsive-web-design/, abgerufen am 5. 6. 2023.

Fritzsche, S. (2023), Beispiele von Webanwendungen | Stefan Fritzsche - Node.js, Java & PHP Softwareentwicklungs Blog, in: https://www.stefan-fritzsche.de/blog/beispiele-von-webanwendungen, abgerufen am 16. 6. 2023.

Geis, T. (2022), Software-Ergonomie / 1 Das Konzept Usability und die Grundsätze der Dialoggestaltung, Haufe.

Handbuch Usability (2022), Expertentest, in: https://www.handbuch-usability.de/usability-testing/expertentest/, abgerufen am 20. 6. 2023.

Harringer, M. (2018), Die Geschichte der Website-Entwicklung in einer Infografik, PAGE FindYourCompany.

Heinemann, G. (2021), Der neue Online-Handel. Geschäftsmodelle, Geschäftssysteme und Benchmarks im E-Commerce, 12. Aufl., Wiesbaden, Heidelberg.

Heinz, S. (2015), Flat Design vs. Material Design - T3 Premium Internetagentur, in: https://www.t3premium.de/blog/flat-design-vs-material-design/, abgerufen am 5. 6. 2023.

Hönes, J. (2019), 30 Jahre WWW – Tim Berners-Lee und die Anfänge des World Wide Web, in: https://www.lmz-bw.de/landesmedienzentrum/aktuelles/aktuelle-meldungen/detailseite/30-jahre-www-tim-berners-lee-und-die-anfaenge-des-world-wide-web, abgerufen am 4. 6. 2023.

Jahanian, A./Isola, P./Wei, D. (2017), Mining Visual Evolution in 21 Years of Web Design. In: *Mark, G./Fussell, S./Lampe, C./schraefel, m./Hourcade, J. P./Appert, C./Wigdor, D.* (Hrsg.), Proceedings of the 2017 CHI Conference Extended Abstracts on Human Factors in Computing Systems, New York, NY, USA, S. 2676–2682.

Joofy (2021), Die Entwicklung des Webdesigns - Joofy, in: https://joofy.de/blog/die-entwicklung-des-webdesigns/, abgerufen am 5. 6. 2023.

Justus-Liebig-Universität Gießen (2014), Historie des Internets, in: https://www.uni-giessen.de/de/fbz/svc/hrz/org/mitarb/abt/3/zms/schulung/webtechniken/internet/historie, abgerufen am 4. 6. 2023.

Kappes, M. (2022), Netzwerk- und Datensicherheit, Wiesbaden.

Kneymeyer, D./Svoboda, E. (2023), User Experience - UX, in: https://www.interaction-design.org/literature/book/the-glossary-of-human-computer-interaction/user-experience-ux, abgerufen am 5. 6. 2023.

Kollmann, T./Häsel, M. (Hrsg.) (2007), Web 2.0. Trends und Technologien im Kontext der Net Economy, Wiesbaden.

Kreutzer, R. T./Seyed Vousoghi, D. (2020), „Mobile First" – Der Siegeszug der digitalen Assistenten. In: *Kreutzer, R. T./Seyed Vousoghi, D.* (Hrsg.), Voice-Marketing. Der Siegeszug der digitalen Assistenten, Wiesbaden, Heidelberg, S. 1–12.

Lackes, R. (2018), Definition: Web 2.0, Springer Fachmedien Wiesbaden GmbH.

Leibniz-Instituts für Wissensmedien (2015), AJAX und Web 2.0, in: https://www.e-teaching.org/technik/vernetzung/web20/ajax, abgerufen am 5. 6. 2023.

Maya Stoeva (2021), Evolution of Website Layout Techniques. In:

mediadefine GmbH (2023), Enterprise 2.0: Nutzung von Web 2.0 durch Unternehmen, in: https://www.mediadefine.com/page,aktuelle-nachrichten-marketing-kommunikation-werbung,enterprise-20-nutzung-web-20-unternehmen-kommunikationskanal,0,0,40,0,de.htm, abgerufen am 5. 6. 2023.

Richard, S./Lepage Pete (2020), What are Progressive Web Apps?, in: https://web.dev/what-are-pwas/, abgerufen am 5. 6. 2023.

Richter, M./Flückiger, M. D. (2016), Usability und UX kompakt, Berlin, Heidelberg.

Rudolf, C. (2006), Handbuch Software-Ergonomie. Usability Engineering, in: https://cogsys.uni-bamberg.de/teaching/ws0910/hci/software-ergonomie.pdf.

Suchhelden (2023), World Wide Web (WWW) - einfach & verständlich erklärt, in: https://www.suchhelden.de/lexikon/world-wide-web.php, abgerufen am 4. 6. 2023.

Thielsch, M. (2019), Expertise Website-Evaluation. Übersicht über bestehende Evaluationsmethoden und Entscheidungshilfe für die Evaluation bestehender sowie neu geschaffener Websites.

Thielsch, M. T./Hirschfeld, G. (2019), Facets of Website Content, Human–Computer Interaction, 34. Jg., Nr. 4, S. 279–327.

Torcasso, D. (2020), Die Heimat des Internets: Vor 30 Jahren entstand in Genf die erste Homepage, Handelszeitung.

usability.de (2023), Definition von Usability und User Experience, UX. – usability.de, in: https://www.usability.de/usability-user-experience.html, abgerufen am 20. 6. 2023.

W3C (2023), Web Content Accessibility Guidelines (WCAG) 2.2, in: https://www.w3.org /TR/WCAG22/, abgerufen am 20. 6. 2023.

WAVE (2023), WAVE Web Accessibility Evaluation Tools, in: https://wave.webaim.org/, abgerufen am 20. 6. 2023.

Wollwage, O. (2023), Aktuelle Webdesign-Trends – diese neun Faktoren müssen Sie kennen!, ECONSOR GmbH.

Anlagen

Anlage 1: WEB-CLIC-Fragebogen

Quelle: http://www.meinald.de/forschung/web-clic/